AF475466

36759

Conserver la couverture

FAITS ET GESTES

ACCOMPLIS PENDANT

L'INVASION 1870-71

ET TARDIVEMENT ÉDITÉS

Par M. CHOTTIN
Pasteur protestant de Quincy-Ségy

PRIX : 50 CENTIMES

EN VENTE
LIBRAIRIE FISCHBACHER
33, RUE DE SEINE, PARIS

1886

FAITS ET GESTES

ACCOMPLIS PENDANT L'INVASION 1870-71

ET TARDIVEMENT ÉDITÉS

Par M. CHOTTIN, pasteur protestant de Quincy-Ségy

Mes officiels coreligionnaires,

A ma brochure d'hier, intitulée : *Quatrième Cri,* je me décide, comme malgré moi, à en faire succéder une autre d'un genre tout différent. Plusieurs d'entre vous m'engageant à détailler les raisons qui ont présidé au témoignage si sympathique que vient de me rendre le maire de Quincy relativement à ma conduite pendant la guerre, et, d'autre part, préférant de beaucoup le silence, qui d'habitude est d'*or,* à la parole, qui n'est que d'*argent,* j'ai résolu de publier, néanmoins, des faits qui, dans ma pensée, ne devaient voir le jour qu'après ma mort. Puissent mes lecteurs de loin et de près y puiser édification et donner gloire à Dieu *seul,* inspirateur du bien s'irradiant à travers la vie de ses enfants, vie qui, étudiée de tout près, n'est que le reflet, la réverbération des *gesta Dei!* « Que vos bonnes œuvres, a dit Jésus à ses disciples, éclatent, afin que les hommes glorifient leur Père céleste. » Quant à moi, n'ayant visé qu'à m'effacer durant ma longue carrière pastorale, j'ai borné ma sainte ambition à faire connaître à mes frères l'*auteur* encore si ignoré du christianisme, savoir, Jésus-Christ, et Jésus-Christ crucifié.

Premier Fait. — La première aubaine — bien douloureuse pour mes frères catholiques — qui m'échut au lendemain de ma nomination de maire *intérimaire* de l'importante commune de Quincy, fut l'enterrement du prêtre Grantrait, ex-professeur de rhétorique, et qui répondait si gracieusement aux bonjours des enfants par son : « Bonjour, mes enfants. »

La guerre terminée, son successeur a jugé bon de ne pas remuer ses cendres, pas plus que les cendres de tant de ses coreligionnaires, alors accompagnés à leur dernière demeure par un modeste pasteur évangélique. Ce jour-là même, à mon retour du cimetière, deux uhlans m'intimèrent l'ordre de leur remettre les clefs de notre hôtel-de-ville. « Attendez donc, répartis-je avec fermeté, qu'il soit à vous. » Ils y entrent cependant, mais les clefs me restent. Dans notre belle et vaste salle des mariages était entassé pêle-mêle tout le linge collecté à domicile par ma femme et autres, et destiné à faire de la charpie pour nos soldats blessés. Une fois mes deux uhlans sortis, un camion transporte ce linge en lieu sûr.

Deuxième Fait. — La veille du passage par Quincy du roi Guillaume, se rendant au château de Ferrières, autrement capitonné que celui de notre commune, son Etat-major, installé là, me réclame faisans, cognac, champagne, etc. A coup sûr, ils s'attendaient à y trouver table splendidement servie. Les caves du château sont inventoriées, fourragées; mais, de liquides, point. L'intendant, avant son départ, avait pris ses mesures en conséquence. Est-il d'un patriote de permettre aux envahisseurs de se goberger à ses dépens? A peine remontés des caves par deux fois, une troisième fois, ils y descendent. Cette fois, à la fraîcheur de la maçonnerie trop peu dissimulée, ils découvrent une cachette pratiquée dans la muraille. Il y avait là les registres des propriétés du château, puis vaisselle et casseroles d'une haute valeur; mais, de liquides, point. Le général m'appelle sur les lieux, et, à titre de maire, me remet registres et mobilier culinaire, en me recommandant — belle conduite! — de placer le tout en sûreté, « parce que, ajoute-t-il, sous quelques jours, allait nous arriver un bataillon de voleurs, de pillards et d'assassins tirés des prisons de l'Allemagne. » Ces casseroles, transportées aussitôt à mon presbytère, sont enfouies dans mon jardin. La chaux les préserva contre l'humidité.

Combien grande fut la déconvenue de l'Etat-major prussien, en ne découvrant ni à boire ni à manger au château de Quincy! Si fusées et outillage *ad hoc* eussent été à leur disposition, ledit château, au site si poétique, sautait en l'air. Tout à coup, une pensée salvatrice me monte au front. Vingt bouteilles de vieux cognac *pur sang* — cadeau des Charentes, et qui ne devaient être dégustées qu'aux mariages de mes enfants — sont apportées de mon presbytère sur la table attristée de ces aristocrates germains. Leurs glouglous ont un effet vertigineux. Conversion phénoménale des esprits : moustaches abaissées en signe de deuil se retroussent, et le projet destructif n'a plus sa raison d'être. La gaieté est mise à l'ordre du jour. Est entonné ce refrain du vieil Horace : *Nunc est bibendum et pede libero pulsanda tellus*. Pour dire tout, fut travesti et parodié alors notre bel hymne national; ils chantèrent, la bouche en cœur : « Allons! enfants de la patrie, le jour de *boire (sic)* est arrivé, » Les dix premières bouteilles de mon cognac dégustées, et les dix autres encaissées, tous les cœurs étaient à la joie la plus délectable que j'aie de ma vie rencontrée chez les Français. Les Allemands, dit-on bêtement, demandent à réfléchir toute une nuit avant de rire au récit d'une *gauloiserie*. C'est une erreur que je tiens à redresser. A table, du moins, l'Allemand est gai comme pinson, et, là, il se montre aussi brave que sur le champ de bataille. Bienheureuse est la blonde Allemande nantie d'un mari au caractère si bien fait !

Troisième Fait. — Quant aux cinquante fusils de la commune, je les enterrai, non dans mon jardin, mais bien au cimetière. Ils étaient entourés de chaux, pour les préserver de la rouille. Là, ils dormirent le sommeil du juste jusqu'à la fin de la guerre, ma prévision du refoulement de l'ennemi sur Meaux ne s'étant point réalisée. Combien le linge à charpie et ces armes eussent servi, au besoin, à guérir et à réarmer nos pauvres soldats qui auraient été désarmés ! ! ! Prévoir, n'est-ce point savoir? *Caveant consules !*

Dociles au mot d'ordre de notre intrépide député, Paul de Jouvencel, bien des communes de Seine-et-Marne avaient eu soin d'expédier à Paris presque tous leurs approvisionnements exposés à la rapacité de l'ennemi. Conseil excellent, qui aurait dû être exécuté à la lettre. L'événement en justifia la sagesse. Maître homme que ce Paul de Jouvencel, qui alors s'était mis à la tête d'une compagnie de francs-tireurs, dont la rencontre exaspérait si fort les Prussiens, et pour cause. Vive de Jouvencel, se souvenant amèrement de notre si désastreuse campagne de Russie et du pont sauté de la Bérésina, qui coupa la retraite à notre armée française à son retour dans la patrie !

Quant à ce qui restait à manger pour bêtes et gens restés à Quincy, j'avertis à son de caisse, moi-même, moi-même, — pas un, pas un n'osa faire *blum, blum,* — qu'on eût à transporter au temple le blé et l'avoine trouvés dans les maisons abandonnées. De cette manière, notre lieu de prières fut transformé en grenier d'abondance. Alors, prédications évangéliques au temple firent *grève*. Trop grand était l'effarement des esprits pour prier et écouter la Parole de Dieu. Cependant, et j'en rends grâce à mon Dieu, je ne me suis jamais senti plus près de mon Dieu que pendant l'odyssée de la guerre. L'adversité, loin de désarçonner mon âme, la sublimisait au point qu'en toute sincérité, je me sentais l'étoffe d'un Achille πόδας ωκὺς.

Quatrième Fait, concernant voitures et carrioles remisées sous les hangars. — Etant fils de fermier, j'en démontai les roues et cachai les chapeaux des essieux, rendant ainsi inservable à l'ennemi cet outillage agricole si souvent réquisitionné pour le transport des soldats blessés. Ces malheureux fantassins traînant l'aile, éclopés, marchant cabin-caha, prêtaient à rire aux gavroches, — l'enfance est sans pitié. Tout de même, auteur de la dislocation desdites carrioles, j'eusse été mis indubitablement en *coupe réglée*, c'est-à-dire fusillé sans miséricorde, si j'eusse été trahi. Bien que seize ans me distancent de cet évènement, j'ai peine à me pardonner mes duretés d'alors envers des hommes qui, après tout, étaient mes frères, et, comme moi, les rachetés par Jésus-Christ. La guerre, problème autrement difficile à résoudre que le carré de l'hypothénuse !

Cinquième Fait. — Un jour, midi sonnant, un meunier français et ses trois gars, bien montés sur jambes, m'arrivent avec leurs huit chevaux traînant quatre voitures chargées d'avoine, au profit des Prussiens. Bêtes et gens ruisselants de sueur, noirs de poussière, ivres de fatigue, avaient faim et soif, soif particulièrement. Pendant leur dîner chez moi, je fais décharger l'avoine dans mon temple, et cache dans mon grenier mon meunier et ses trois fils. Ils y dormirent si bien, si bien, jusqu'à la nuit, que je dus les réveiller. Sur mon conseil, ils déferrèrent les huit chevaux des quatre pieds, par mesure de sûreté, et, par des chemins de traverse, arrivèrent sans encombre à leur moulin. Leurs quatre voitures, à dessein démantelées, avec harnais, furent remisées sous mon hangar. L'avoine, mêlée à notre blé, servit à nous faire du pain de beaucoup préférable au pain du siège, où entrait de la paille, etc., etc.

Sixième fait. — Le quart d'heure le plus périclitant pour moi et non moins périclitant pour notre vaillant député, fut celui où P. de Jouvencel, après avoir plané près d'une heure au-dessus de Quincy inondé alors de Prussiens, fit attérir enfin son aérostat à quelques pas de mon presbytère. *Audaces fortuna juvat.* En moins de deux minutes après l'attérissement, nos deux aéronautes sont esquivés. On les file, mais sans résultat.

Lettres et journaux sont transportés, où ? Devinez, je vous le donne en cent, en mille, sont transportés en un clin d'œil dans le *puant* laboratoire de notre *équarisseur*. Telles étaient les exhalaisons de cet endroit, qu'elles auraient tué un pigeon à cinquante pas. C'est vous dire que l'ennemi ne songeait guère à les aller chercher là. A la nouvelle de l'attérissement de l'aérostat, tout un bataillon se rend sur lieu et place. L'aérostat est inventorié, mais de lettres et journaux, point. Aussitôt notre Hôtel de

Ville est envahi, envahi aussi mon presbytère, afin de mettre le grappin sur colis et aéronautes. Cave presbytérale, grenier, chambres, bibliothèque, jardin, écurie, bûcher, tout est retourné comme un gant, tout est mis sens dessus dessous, et de lettres, de journaux, d'aéronautes, point. Ah ! les Allemands — l'Allemagne, patrie des psychologues — savaient bien ce qu'ils faisaient en fermant toutes les issues aux communications épistolaires ! Cette absence de lettres anéantissait notre race latine si *communicative*. C'est bien là ce qui me donnait la clef de l'infernal *tintamarre* prussien au pied de l'aérostat-Jouvencel dépouillé de ses colis. Ce tintamarre, chez moi tout particulièrement, me rappelait cette expression intraduisible du vieil Homère reproduisant à la perfection le *hurlement* des vagues, πολυφλοίσβοιο θαλάσσης. Pour m'arracher le secret, le recel des journaux et lettres, je suis attaché à la roue d'un camion d'artillerie amené dans ma cour. Là, pendant quinze heures d'horloge, je restai debout, sans pouvoir faire un pas, ni me coucher par terre. J'avais les mains liées derrière le dos. Quand mes pauvres jarrets ployaient de fatigue, des coups de plat de sabre les invitaient à se redresser. Il faut avoir passé par une telle crucifixion pour en savourer toute l'amertume. O nuit désastreuse ! ô vandalisme me rappelant l'incendie de la fameuse bibliothèque alexandrine par Omar Pacha ! Ma riche bibliothèque acquise sous après sous avant et pendant ma carrière pastorale — je m'avoue bibliomane — fut pillée, et le reste, saccagé. Les livres qui me restaient gisant sur le parquet étaient méconnaissables. Pleurez, pleurez mes yeux, il ne fut jamais sous les cieux un tel sujet de larmes ! Mon V. Hugo, mon Lamartine, mon Châteaubriant, mon Michelet, mon Edgard Quinet dont j'avais bu autrefois les hautes leçons au collège de France, tout fut emporté cette nuit là, tout jusqu'à ma bible hébraïque — édition rare trouvée chez un bouquiniste de Baden-Baden — Bible accompagnée de plus de cent pages de notes prises à la faculté de mon si regretté Strasbourg. Ces notes m'avaient coûté un travail de *Bénédictins*.

Le lendemain au dépouillement des colis pour expédier les lettres à leur adresse j'en aperçois une portant mon nom. Or, tout naturellement j'étais en droit de la croire écrite par ma femme, ma chère femme, dont je n'avais vent de nouvelles depuis trois grands mois. Mais quelle déception ! La dite lettre portant ma suscription était envoyée à sa jeune femme par un soldat de l'armée de Paris. Cette femme en recevant cette lettre m'embrassait comme du pain. Jamais rien de plus tendre ne sortit du cœur et de la plume d'Abeilard dans sa correspondance avec son Héloïse. Ce soldat appelait sa femme si gentiment *mon petit loulou*. Hélas ! il lui fut refusé de la revoir, car blessé à l'affaire de Champigny et soigné par mon fils enrôlé alors dans le service médical, le bon jeune homme est mort à l'hospice de la Pitié. Quelle sainte chose que l'amour vrai! Après Dieu, il n'y a guère que cela de beau et de bon et sur terre et là-haut!

Septième fait. — Concernant la petite vérole noire qui sévit ici pendant la guerre et qui choisit pour première victime le prêtre Grantrait si regretté. — Nos deux médecins avaient abandonné leur poste, et les *sœurs* et nos trois instituteurs aussi.— Je fis afficher en gros caractères l'invasion de cette épidémie. Bien nous en prit, car à cette nouvelle, l'ennemi n'eut garde de tenir ici longue garnison. Prussiens, comme Français, prennent soin des enfants de leurs mères. A cela, quel mal? A Quincy on mourait dru comme mouches. J'avais beau lire et relire les livres traitant cette maladie, je n'y voyais guère que du feu. Un médecin ne s'improvise point.

Huitième fait. — Ce qui me donna le plus de tracas pendant la guerre, ce fut d'assigner un asile sûr aux *vaches*, les vaches si nombreuses à Quincy, les vaches alimentant la grande *industrie* du pays, savoir : le fromage de Brie. Le lait et la viande desdites vaches, après le pain, furent nos deux grandes ressources. Chaque semaine, à l'aurore, avant l'arrivée des bataillons, sur mon ordre, chaque famille à enfants recevait un kilo de viande, et un demi kilo, chaque personne vivant seule. Puis le lait sauvait la vie aux nouveau-nés, sans oublier les adultes et les vieillards qui en buvaient à gogo. Après mûres réflexions, je logeai ces vaches arrachées à l'étable, les unes dans les appartements sans locataires, et les autres au fond une prairie entourée de bois touffus. Aucune de celles cachées là ne fut prise par l'ennemi qui s'éloignait des bois et pour cause: nos *francs-tireurs* d'habitude se blotissaient là. Ils refaisaient *avec plus d'à-propos* cette guerre des *Buissons* des Vendéens et Vendéennes — ces *brigandes*, dit Michelet. Quant aux autres vaches incarcérées dans les chambres, leur beuglement en fit tomber plus d'une sous la dent des Prussiens. Les chevaux restés au pays une fois déferrés, pâturaient, eux aussi, dans la prairie ombragée et rentraient le soir à l'écurie. Le cheval, la plus belle conquête de l'homme — style Buffon, — ne faisant rien, devint gras comme pelote. Ne lui demandons point de maudire l'invasion dont il regretta la fin, ainsi que les pillards étrangers et français. Combien heureux également furent lapins domestiques et de garenne, race prolifique, qui, respectée pendant la guerre, passa par la casserole au retour de leurs maîtres.

Leur chair était autrement savoureuse que celle des chats, des souris et des rats. Dodus furent aussi les chats de Quincy et de la banlieue en déjeûnant plantureusement avec les entrailles des bêtes livrées à la boucherie ; mais mon devoir fut d'enfouir ces entrailles au plus vite, peur d'une seconde épidémie. D'autres chats, n'ayant rien à manger chez leurs maîtres éloignés de leurs foyers, s'en venaient fraterniser avec les deux miens et à tous, mon aide-de-camp, mon homme d'affaires, leur trempait la soupe dans mon jardin, car ils seraient devenus enragés, sans *Pasteur* pour les guérir. Charmante fédération cimentée par la faim. Si l'épreuve favorise l'union chez les bêtes, plus encore chez les hommes. Pourquoi donc nous désunir dans la prospérité ? Pendant la guerre, que de parents et d'enfants morts de faim et plus encore, d'ennui, l'ennui, corrosif des corrosifs ! En revoyant leurs habitations restées intactes, mes Briards versaient des larmes grosses comme des petits pois. Bien chaudes étaient leurs poignées de main. Grande fut leur reconnaissance, la reconnaissance qui est la mémoire du cœur. C'est la meilleure.

Neuvième fait. — A la nouvelle qu'une femme était accouchée dans la forêt de Crécy-en-Brie, à 12 kilomètres de Quincy, je dépêchai un homme avec carriole et cheval pour la ramener ici, mais ne voyant revenir ni homme, ni carriole, ni cheval, ni femme, ni enfant, et m'apercevant trop tard que j'avais eu confiance en un voleur de la pire espèce, j'allai moi-même à la recherche de cette malheureuse qui fut hébergée quelque temps ici. Puis, cette sorte de bohémienne cosmopolite s'en est allée je ne sais où. En baptisant son enfant, je lui donnai pour petit nom *Forêt de Crécy*. C'est sous cette dénomination qu'il est couché sur mon registre ecclésiastique. Où qu'elle soit à cette heure, cette bohémienne n'a qu'à bénir mon nom. *Homo sum et nihil* etc. Je suis homme et ne suis étranger à rien de ce qui est humain.

Dixième Fait. — Les Prussiens, apprenant qu'un groupe d'hommes et de femmes s'étaient réfugiés dans une carrière abandonnée, m'ordonnèrent d'aller les débusquer. Sitôt dit, sitôt fait. J'ignorais leur retraite. Escorté de dix soldats, j'arrive à l'orée du gouffre long, profond, noir, aux méandres d'un vrai labyrinthe, *Horresco referens!* De mes dix hommes, c'était à qui n'y descendrait point. Cette hésitation couronna mon entreprise. Pour ne point effrayer mes réfugiés, je donne à tous la consigne de ne point m'accompagner, consigne facile à exécuter. J'eus soin également de ne pas éclairer, en portant, ma lanterne. Bien pensé ! Dans la prévision d'une attaque du côté de mes réfugiés enfoncés dans l'obscur, je tenais à me trouver dans la situation de l'*aveugle* de Descartes, qui, pour se battre sans désavantage contre son adversaire *voyant*, entraîna ce dernier dans une cave noire comme une nuit non étoilée. Ainsi enténébrés eux et moi, la partie était égale. Alors, sans escorte, et mon âme recommandée à Dieu, je descends, marchant souvent à quatre pattes, piétinant crapauds et lézards sans le vouloir. Sans le vouloir, car, alors mon âme inclinait à la compassion au point que j'aurais demandé excuse à un chien, si, par mégarde, je lui eusse marché sur la patte. Pour échapper aux balles supposées de mes refugiés, je m'abritais de temps en temps derrière les piliers trouvant là mon cran de sûreté personnelle, avant de crier de ma voix de stentor : C'est moi, le pasteur Chottin, pas tirer, pas avoir peur, viens à vous en ami, ennemi veut aucun mal à vous. Sur l'honneur, me l'a promis. A cette nouvelle, ils sortent du bouge, et nos lanternes allumées pour le retour, sans marcher à quatre pattes, nous arrivons enfin sains et saufs à l'ouverture de la carrière. Spectacle écœurant ! Ces apeurés à nature léporine, aux yeux saturés de ténèbres, étaient plus aveuglés encore en face du soleil. Ils n'étaient plus des êtres vivants, mais, plutôt, des spectres ambulants. Depuis quarante-huit heures, une femme était accouchée dans cette carrière. A la vue de son enfant qui se mourait en respirant le grand air pour la première fois, je versais dans le pommeau de ma main quelques gouttes d'eau puisées à la gourde d'un soldat et le baptisai : *Carrière*. Puis, un Prussien, tenant l'enfant dans ses bras, et moi, la main dans la main de la mère, ayant tous coquelicots à la boutonnière, nous arrivons à l'hôtel de ville où nous attendait un officier supérieur. « Messieurs les civils, s'écria-t-il le rouge au front, et la colère dans la voix, vous prenez donc les Allemands pour des sauvages, des Peaux-Rouges, en imitant les Autrichiens qui, à notre arrivée dans leur pays, s'ensevelirent dans des cavernes? C'est une honte que vous nous infligez à nous les plus civilisés de l'Europe. » Puis, cet officier me prenant à partie : « Monsieur le maire, à mon retour à Berlin, comptez sur la croix. » Tout bas, je me disais : Ta croix, garde-là, celle du Christ suffit à mon petit bonheur (1).

(1) Tout bas, je me disais aussi, à la vue de deux de nos réfugiés aux larges épaules et admirablement boulonnés par leurs mères : « Mourir pour la patrie, c'est le sort *le moins* beau, *le moins* digne d'envie », voilà le sens que votre lâcheté attache à cet hymne des *Girondins*.

Onzième Fait. — Encore un baptême, mais à domicile cette fois. Pendant l'armistice, une Briarde m'appelle pour baptiser son enfant agonisant. A peine baptisé, l'enfant expira. L'heure de son enterrement est fixée au lendemain. Sa voisine pas contente du tout, d'un baptême administré par un hérétique et désireuse de racheter ce baptême, à ses yeux, *maudit* (sancta simplicitas), de le racheter, dis-je, par un enterrement en due forme, s'en va chercher au loin un prêtre pour inhumer le petit, et cela, sans avertir ni la mère ni le baptisant. Après la levée du corps, je passe devant l'église pour le porter en terre *sainte* — catholique. — Tout à coup, un prêtre en surplis me barrant la porte du cimetière : « A moi de bénir sa tombe, me dit-il poliment », et poliment de lui répondre : « A votre aise. » Ce prêtre et moi, bon gré, mal gré, nous méritons la dénomination peu croustillante de *partageux*.

Mes officiels coreligionnaires,

Vous qui, à l'époque de l'invasion germanique, m'avez nommé à l'unanimité le maire intérimaire de votre commune, vous fûtes, catholiques et protestants, les témoins oculaires de mon intransigeante intrépidité. Condamné à être fusillé par le conseil de guerre de Meaux, ne retrouvant point les deux soldats envoyés ici pour réquisitionner hommes, chevaux, voitures et fardiers, sans l'arrivée à bride abattue d'un cavalier prussien m'apprenant que leurs deux hommes étaient retrouvés, j'étais nettoyé — style académique. — Encore quelques pas, et je coudoyais le piquet militaire de mon exécution. Or, m'avez-vous vu pleurnicher en traversant votre commune ? Répondez. Ce trait vous suffit pour vous renseigner sur l'intrépidité du pasteur Chottin, toujours calme comme Socrate, avalant sa potion de ciguë. C'est vous dire que je suis de l'école des Epictète, des Aurèle, et beaucoup plus, de l'école de Jésus, mort sur une croix à l'âge de 33 ans, et ressuscité comme témoignage que son sacrifice spontané avait trouvé grâce devant Dieu. Comme c'est bon à l'âme humaine d'aller à l'école de Jésus, le vrai médecin de nos âmes ! Que mes convictions religieuses deviennent vos convictions ! Que la prière, l'acte essentiel d'une saine piété, aromatise vos âmes et les âmes de vos enfants !

Encore deux mots relatifs à ma condamnation à mort. La paix signée, un officier prussien, avant de quitter Meaux, s'en vint faire ses doléances à ma femme et à mes enfants : « Matame, lui disait-il sur le seuil de mon presbytère, Matame, ne m'en foulez point pour afoir zigné la gontamnazion de fotre mari. La querre z'est la querre. — J'avais caché cette condamnation à ma femme à son retour.

— C'est pourquoi elle repartit : Monsieur l'officier, vous tenez pour mort et enterré mon homme, tenez, le voici qui arrive du jardin avec un chou pour faire la soupe au lard. Et, en la compagnie de ce galant homme, nous mangeâmes notre soupe au chou et au lard suivie d'un petit café, le café, qui, dit-on, couvre les défauts des tristes déjeuners.

Voici comment je m'y pris pour regaillardir mes gens pendant les six mois de l'invasion. « Ah ! mon Dieu, ma femme ! Ah ! mon Dieu, mes enfants ! êtes-vous morts, nous reverrons-nous ! » telle était la note désespérante, l'ut de poitrine que poussaient mes Briards séparés de leurs familles qui étaient enfermées dans la *boîte à Trochu* — Paris — ou expatriées au loin. « Point de nouvelles, mauvaises nouvelles, s'exclamaient-ils avec des larmes dans la voix ». Point de nouvelles, bonnes nouvelles, m'exclamai-je à mon tour. Comme ces désespérés me regardaient, leurs yeux au dedans de mes yeux, quand ils me voyaient tenir si fermement le drapeau de l'espérance ! Aussi, chaque semaine, le soir, à l'hôtel de ville, grande salle des mariages, ai-je mis à la tête de mes devoirs les plus sacrés, de tenir des conférences pour diminuer leur abattement. Selon une expression hébraïque se refusant à toute traduction littérale « leurs cœurs étaient descendus dans leurs pantalons ».

A dire vrai, pendant la guerre, nous eûmes ici un confortable alimentaire passablement bon. Donc, de ce côté, peu de choses nous fit défaut, mais ce qui nous faisait défaut, si défaut, c'était la séparation des nôtres. C'était bien là la source comme intarissable de nos tristesses qui se lisaient couramment sur les visages.

« Tête sacrée, enfant aux cheveux blonds, bel ange,
A l'aile d'or,

comme dit le poète, tu n'es plus ! Combien profondément gravés dans les cœurs les sentiments de la famille, tout particulièrement dans les cœurs des vrais pères et des vraies mères !!! Parents et enfants s'affament !!!

Une jeune femme disparaît dans les flots, et voilà l'immortel *sanglot des Contemplations*. Ah ! les sentiments de la famille, à y bien réfléchir, ne concentrent-ils point toutes les vraies gloires de l'humaine humanité ? Le sage Epictète a beau dire à ce sujet : « O père, ta cruche s'est cassée, j'entends, ta femme et ton fils sont morts, cet accident tout naturel, endure-le, *abstine*, *sustine*. » Toujours, du cœur paternel et maternel ulcéré jaillit ce sanglot sempiternel :

« Tête sacrée, enfant anx cheveux blonds, bel ange,
A l'auréole d'or, tu n'es plus ».

En conséquence, pour essayer d'endiguer ces sanglots, je visais dans mes conférences hebdomadaires à reconforter mon petit monde. Or par ces conférences improvisées sur *de omni re*, je me formais admirablement aux agitations populaires, je me sentais devenir un petit tribun au milieu de l'*agora* et en présence des comices républicains. Fort de mes fortes convictions démocratiques, j'imprimai comme fatalement à mes auditeurs bondant la salle, une sorte de *discipline parlementaire* dont ils se ressentent aujourd'hui, les préparant d'avance aux meetings républicains de l'avenir. Sous ce rapport, Quincy, je le déclare avec satisfaction, est devenu une commune modèle, et maintiendra quand même le drapeau de la République. Nos candidats à la députation le savent bien. Ici, députés et conférenciers se sentent à leur aise comme dans un bain turc. Depuis la guerre, quel progrès !

Mes officiels coreligionnaires,

Pour vous édifier concernant le mois de vacances que je viens de prendre, — deux mois de vacances pendant un pastorat de près de quarante ans, est-ce trop ? — je place sous vos yeux comme le *compte-rendu* desdites vacances que je viens de prendre. Vacances bienheurées pour moi, à cause des personnes que j'ai vues me parlant si bien, si bien des choses de Dieu. Vacances bienheurées aussi, pour ces âmes de l'au-delà de la Manche qui ont entendu mes prédications et mes conférences sur l'éducation, l'éducation qui pour être bien faite doit être faite à la lumière de l'Evangile.

Déjà, j'ai consacré à cet ouvrage de longue haleine sur l'éducation, bien des jours et bien des nuits, sans négliger ni mes sermons ni la cure des âmes. Pour parachever mon entreprise qui fut l'idée capitale de toute ma vie, j'ai besoin encore d'une année d'un travail ardu avant de le publier, aidant, ainsi, selon mes forces, au salut de ma patrie. L'accueil fait à Jersey auxdites conférences est un grand encouragement pour moi.

Ces conférences données déjà dans les *grands centres* de Seine-et-Marne et autres départements n'y ont pas reçu le même accueil qu'en Angleterre, bien que partout elles fussent *gratuites*, et que leur gratuité m'ait coûté la vente de presque tout mon mobilier, jusqu'à la moitié de mon lit.

Sans me surfaire le moins du monde — ayant tout reçu de Dieu, je n'ai le droit de me glorifier de *rien* — je me sens à la fois et l'indomptable persévérance d'un Kepler et le dévouement du *père* Oberlin — Oberlin choyait ce mot-là — et le patriotisme d'un Archimède et l'humanité d'un *Pasteur*.

« Jersey, Angleterre, 2 juin 1886.

« Monsieur le pasteur Chottin,

» L'Eglise évangélique française de Vaux-Hall reconnaissante et touchée des précieux enseignements que vous lui avez donnés, tant dans vos belles et savantes conférences sur l'*éducation* spécifiquement faite à la lumière irréprochable de l'Évangile, que dans les prédications si remarquables que vous lui avez fait entendre avec une autorité si douce, éprouve le besoin de vous exprimer toute sa reconnaissance.

« En conséquence, tous les membres de l'Église réunie en ses *comices* chargent le conseil presbytéral de vous transmettre, Monsieur le pasteur, leurs votes unanimes de remerciement. »

Suivent les signatures légalisées à la tête desquelles se trouve celle du digne pasteur de Vaux-Hall, homme d'une piété profonde et d'une érudition peu commune.

Sur le bruit que j'allais me démissionner, une pétition couverte de soixante-dix-neuf signataires protestants formant ménages séparés et constituant à peu près tout le personnel de ma petite église — annexes non comprises — fut présentée au maire pour la légaliser. Dans ma brochure intitulée : *Mon Cri*, j'ai publié le témoignage que ce jeune magistrat, dont l'impartialité est de notoriété publique, m'a remis avec une émotion partagée par son conseil municipal, partagée aussi par tous ses administrés sans distinction des deux communions. Ce témoignage est d'autant plus précieux à nos yeux, qu'il est spontané et nullement *sollicité*. Nullement sollicité, car si je ne tiens à être le *maître* de personne, d'autre part, je ne tiens pas non plus à être le *valet* de personne, me contentant d'être le disciple de Jésus-Christ et de faire connaître son Evangile de mon mieux, sachant que l'esprit de l'homme *animalisé* ne comprend point les chose de l'Esprit de Dieu.

Ci-joint un discours que j'ai dû abréger de moitié, parce que la *distribution* des prix de nos écoles *laïcisées* coïncidait avec les *élections* cantonales, fixées au 1er août par toute la France. Nos minutes étaient comptées. J'édite *in-extenso* la partie récitée de vive voix, et qui m'a paru être goûtée par mon nombreux auditoire. Puisse-t-elle rencontrer ailleurs les mêmes échos !

Comme la première édition est presque épuisée, je m'impose le devoir de l'éditer de nouveau, en attendant mon *Essai* sur l'*éducation* domestique et scolaire, *résumé et suc* de toute ma vie.

« Jeunes Elèves, Mesdames, Messieurs,

» Le trait caractéristique de notre troisième République réside dans le triple besoin de liberté, d'éducation et d'instruction, l'instruction qui doit aboutir à faire, non précisément des instituteurs, des bacheliers, des professeurs, mais à faire avant tout des hommes au sens élevé du mot. Certes, en nous voyant roulés, écrasés, mouillés jusqu'aux os, trempés comme soupe par l'invasion germanique de 70 et 71, nous nous sommes aperçus enfin du défaut de notre cuirasse, savoir, l'*infériorité* de notre enseignement national.

» En conséquence, au lendemain de cette invasion, nous, Français, nous avons reconnu la nécessité absolue de développer ledit enseignement à tous les degrés : primaire, secondaire, supérieur. En des temps difficiles comme ceux que nous traversons, l'*utile*, voilà bien la question à l'ordre du jour. Oui, notre époque est une époque *utilitaire* et elle a, avouons-le, des raisons majeures de l'être, pourvu que nous constations que l'utilité des utilités, la richesse des richesses, l'instrument des instruments, c'est l'instruction et l'éducation.

» Du reste, l'argent consacré à cette *refonte* gigantesque, — *improbus labor* — tout en enrichissant la France intellectuellement et moralement, l'enrichit aussi *industriellement*. Or, à cette heure, aucun français se respectant n'oserait se déclarer à ciel ouvert l'adversaire de l'instruction. En effet, arracher — c'est un arrachement, nos instituteurs, ces apôtres des enfants du peuple, ne le savent que trop bien — arracher le peuple à ses ténèbres, à son enfance intellectuelle à dessein prolongée ; l'arracher à l'ignorance, servitude des servitudes ; préparer l'avenir de la France — l'enfance, c'est le printemps d'une nation — en instruisant ses enfants dans leurs devoirs et leurs droits civiques et politiques; créer des écoles nombreuses gratuites, obligatoires, laïques, ou *inconfessionnelles*, ce qui ne signifie nullement des écoles *sans Dieu*. Allons donc ! Ouvrir pour les deux sexes des cours d'adultes ; former des maîtres compétents ; tenir des conférences sur mille sujets divers ; fonder des bibliothèques populaires ; répandre des livres éducatifs et instructifs et non des livres malsains, ou n'apprenant rien d'utile ; publier de bons journaux, initiant le lecteur au bien, au beau moral, à la vertu ; interdire les feuilles pornographiques blessant la pudeur individuelle et sociale ; appeler tous les hommes à la lumière, à l'examen, à la discussion, conséquence de l'examen. Enfin, instituer des *collèges de filles* pour élever le niveau de leur instruction et de leur éducation : l'instruction, culture de l'esprit, et l'éducation, culture du cœur, tout ce beau mais coûteux mouvement scolaire caractérise la fin de notre siècle.

» D'ores et déjà, que devons-nous attendre de cet enthousiasme universel pour l'instruction et l'éducation? Tout d'abord, l'amélioration des mœurs privées, et par suite, l'amendement lent mais certain des mœurs publiques, car les bons citoyens se multipliant à la faveur de l'instruction et de l'éducation feront disparaître peu à peu de l'horizon social de la France les citoyens pervers dont la présence entrave l'élan des esprits et des cœurs.

» Jeunes élèves, Mesdames et Messieurs,

» Outre le double besoin moral que je viens de signaler, il est un troisième besoin, moral lui aussi, savoir les hautes aspirations vers la liberté. J'entends la liberté politique, civique, ou extérieure, et non la liberté *intérieure*, car cette dernière, base de la première, personne au monde ne peut nous la ravir. Donc, par l'instruction et l'éducation le citoyen sérieux doit arriver à cette liberté *extérieure*, d'une portée immense.

« Autrefois, en France, l'idée de liberté passait pour une idée anarchique, malsaine, libertine, comme si la liberté consistait dans le tout faire *impunément*. Or, depuis l'inauguration de notre troisième République, cette idée de liberté ne nous fait plus peur. Au contraire, la liberté, chose sacro-sainte, me paraît *s'acclimater* très bien en France. De là, liberté de la *pensée,* témoin nos sociétés de *libres-penseurs* reconnues officiellement. Et pourquoi, non? Place pour toutes les convictions sincères au soleil de la France actuelle — France d'aujourd'hui et Espagne font *deux*. Liberté de la *conscience*, ce domicile inviolable dont personne n'a le droit de franchir le seuil, personne, pas même le prêtre. Liberté des religions organisées en Eglises jouissant de leur *autonomie* respective. Liberté de la *science*, sorte de liberté inconnue à l'époque des Copernic et des Galilée. Liberté du *vote* civique et politique par l'établissement du *suffrage universel* dont l'initiative remonte à Ledru-Rollin. Liberté de la *presse* sur toute la ligne, à part les productions malpropres dont il importe de nettoyer la voie publique. Absence totale de toute *dictature* civique, politique, artistique, philosophique, éducative, morale, religieuse.

» Enfin, concurrence loyale des doctrines positivistes, spiritualistes, matérialistes, voilà le noble drapeau qui depuis quelques années seulement flotte sous nos yeux.

» Vive la République!

» Espérons que ce triple foyer d'instruction, d'éducation

et de liberté, loin de s'éteindre, ira grandissant de jour en jour pour le salut des enfants de notre chère France.

» Vive la République !

» Jeunes Elèves, Mesdames, Messieurs,

» Ces millions si nombreux consacrés aujourd'hui à l'instruction nationale, et qui, demain, figureront plus nombreux encore au budget républicain, me font souvenir du dévouement de l'oiseau appelé *eider*, d'où édredon, l'*édredon* si bon l'hiver ! — Michelet — Quel spectacle émotionnant que celui de la mère au moment de la ponte, arrachant son duvet pour coucher et couvrir ses petits ! Quand l'homme, dans son âpreté au gain, a volé le duvet du nid, la mère arrache le reste pour remplacer le duvet volé. Puis, quand, pauvre fille ! elle n'a plus de duvet à s'arracher, plus rien que sa chair et son sang, alors le père, lui succédant, arrache son duvet à lui, de façon que les petits eiders sont nourris de la substance de leurs parents, vêtus de leurs douleurs, investis de leurs dévouements.

» *Application*. Or, ce dévouement de l'eider, c'est bien là l'image touchante du dévouement de Jésus, ce fils *aîné* de sa digne mère, Marie ; Jésus, ce fils unique de Dieu, qui, conçu *immaculé, lui,* s'est fait pauvre pour nous enrichir en mourant pour nous sur le lit sanglant d'une *croix*. Ce dévouement de l'eider, c'est bien là aussi le symbole du dévouement des parents pour leurs entants. Enfin, c'est bien là l'image du dévouement de la France, se saignant à blanc pour favoriser l'instruction et l'éducation de ses enfants.

» Vive la France républicaine !

» Citoyennes et citoyens,

Ce vivat de notre reconnaissance, accentuons-le encore dans nos souvenirs par le souvenir inoubliable de Jules Ferry, l'*initiateur* en France du laïcisme, c'est-à-dire, de l'émancipation de nos instituteurs et institutrices, Jules Ferry qui, à cette heure, a pour continuateur Goblet, ministre actuel de l'instruction nationale. Si notre laïcisme à peine émergé du cléricalisme se maintient à flot — question encore pendante, *adhuc sub judice*, — la France, protégée par Dieu, est appelée à devenir la première des nations civilisées. Je fais ma réserve J'entends un laïcisme de bon aloi, franc du collier, de bonne cuvée, infusant dans la conscience de l'enfant le *sens du bien*, et non un laïcisme négatif, faisant litière des principes éternels de la morale, non cléricale, mais rationnelle.

» Citoyennes et citoyens,

» Touchant presque au centenaire de la République de 89, prenons garde à nous. L'avenir de la patrie, après Dieu, est aux sages, et les Jules Grévy appartiennent, sans contredit, à la famille des sages. Au dire du profond Montesquieu, en fait de zèle, pas trop n'en faut. De la fermeté sans recul. En conséquence, en ce jour des élections et toujours, méfions-nous des candidats réactionnaires qui, en toute candeur et sincérité, s'imaginent travailler au salut de la France. Méfions-nous également des candidats-brouillons; dont le patriotisme *échevelé*, à *tout crin*, relancerait en pleine mer le vaisseau de notre jeune République. Sachez-le à ne jamais l'oublier, les nations respectueuses des droits de la raison, de l'ordre, d'une saine morale et d'une saine religion sont seules capables de devenir *libres*. Ainsi la parole fameuse de Toqueville reste: « Il faut qu'un peuple croie ou qu'il serve ». Notre troisième République avec ses yeux de quinze ans, cotoye deux écueils : à droite, le cléricalisme si justement signalé par Léon Gambetta : « voilà l'ennemi ». A cet ennemi de la République, appelée la *gueuse*, par la caste sacerdotale — j'aime cette franchise — à cet ennemi *déclaré* se rattachent les monarchistes qui, eux, *cachent* leur jeu. Mauvaise méthode! A gauche, il est un autre écueil, mille et une fois plus redoutable encore, savoir le matérialisme, vieux comme le monde. Que notre jeune République ne verse d'aucun côté, c'est là mon meilleur vœu! Chez tout homme sérieux existent *deux* facultés distinctes l'une de l'autre et ayant leur domaine respectif *séparé*, savoir, la faculté de *raisonner* et la faculté de *croire*, et cette dernière n'est pas moins légitime que la première. Par le souvenir reportons-nous à 93, époque néfaste refusant aux citoyens d'alors jusqu'au simple bonheur de respirer! Vapeur trop chauffée retombe en eau. J'ai dit : Vivent les écoles laïques!

CHOTTIN,

PASTEUR ÉVANGÉLIQUE.

Post-scriptum. — Les partisans d'une éducation domestique et scolaire sérieuse, savoir : mères, instituteurs, professeurs, pasteurs et prêtres, intéressés directement à la réussite de leur suprême mandat, sont invités à envoyer leur adresse respective à M. Fischbacher. La 1re livraison à 1 fr. pour mes cinq premières conférences aura lieu en novembre 1886. Même coût pour chacune des cinq livraisons ultérieures.

eaux. — Imprimerie DESTOUCHES rue de la Juiverie, 1.

MEAUX. — IMPRIMERIE DESTOUCHES.

www.ingramcontent.com/pod-product-compliance
Ingram Content Group UK Ltd.
Pitfield, Milton Keynes, MK11 3LW, UK
UKHW020227200726
13856UKWH00004B/1634

9 782011 906762